Selezione e guida dei collaboratori – I segreti svelati

L'autore

Nato nel 1951, laureato in scienze politiche all'Università di Pavia. Ha ricoperto posizioni manageriali in area risorse umane in grandi aziende multinazionali, tutte molto note, come Peugeot Italia e Ikea Italia.

Questo opuscolo

Aspetti legali, come influire sui comportamenti, selezione del personale. L'opuscolo è liberamente tratto da testi di cultura anglosassone, integrato con l'esperienza di vita professionale. Il risultato è un testo leggero, adatto ai giovani che vogliono curiosare nel settore delle risorse umane, per capire come ragionano le aziende, e trarre informazioni utili per l'inserimento o per il vivere quotidiano nell'organizzazione. Può servire insomma a chiunque voglia capire il *perché in determinate situazioni le aziende fanno determinate scelte sul personale.*

Aspetti giuridici

Forse ricorderete la figura del Dottor Az-
zeccagarbugli nell'opera manzoniana "I
promessi sposi". E' un leguleio molto abile
a districarsi nei labirinti dei codici,
nell'interpretare le Grida, ma soprattutto
abile nel volgere le situazioni a proprio fa-
vore. E' dotato di eloquio altisonante, a
volte enfatico, a volte freddo e cavilloso.

Ebbene, il diritto del lavoro italiano è tal-
mente intricato e complicato che potrete
cavarvela solo trovando il vostro dottor
Azzeccagarbugli.

Siccome questo opuscolo si rivolge princi-
palmente ai collaboratori, io dico a tutti
voi, che siete nella posizione di collabora-
tori, di stare molto attenti nelle fasi formali
della gestione delle risorse umane. Anche
voi dovete trovare il vostro dottor Azzec-
cagarbugli; anche se tutto vi sembra facile

avete certamente bisogno di capire i risvolti delle Leggi, per non essere intrappolati.

Troverete il vostro azzeccagarbugli, quasi sempre gratis, presso i Patronati e i Sindacati.

Gli aspetti giuridici che regolano il campo delle risorse umane sono complicati, e possono anche essere un po' scoraggianti, soprattutto per un giovane che li incontra per la prima volta.

Questi aspetti influenzano virtualmente tutto quello che fai nel campo delle risorse umane: assunzioni, piani retributivi, valutazione delle prestazioni dei dipendenti, e molte altre attività.

Tutte queste attività comportano rilevanti implicazioni giuridiche. Non conoscere appieno la legge può rivelarsi costoso. Questo tema può apparire intimidatorio, e non dovrete essere soli ad affrontarlo.

Dovrete avere una solida preparazione e appoggiarvi a uno studio legale. Cercherò di darvi dei suggerimenti per farvi capire come dovrete muovervi, fermo restando che nulla sostituisce una buona preparazione giuridica.

Aggiornatevi quotidianamente

Leggete ogni giorno un quotidiano economico e giuridico; sulle novità legislative che vi lasciano dubbi (e saranno tante !) consultate la vostra associazione imprenditoriale, magari prima dell'avvocato, che è in genere molto costoso; nel dubbio cercate di fare la cosa ragionevole.

Bel consiglio, no ? Che cosa è ragionevole in una situazione specifica? Su alcuni temi non avrai risposte precise, e quindi fai la cosa ragionevole e giuridicamente inattaccabile. Solo perché pensi di agire secondo ragione non significa che i tribunali, gli organi amministrativi, o i dipendenti saranno d'accordo.

In caso di controversia, che nel diritto del lavoro è sempre dietro l'angolo, se si è agito in modo ragionevole, forse potrai risolvere la controversia più facilmente, magari con un atto conciliativo. E forse potrai anche affrontare un processo lungo e costoso con maggiore sicurezza di essere dalla parte della ragione.

Tutto in un solo testo

Procuratevi uno di quei testi che sono noti come "Manuali di consulenza del lavoro". Da questo e dai riferimenti indicati completerete il quadro giuridico di riferimento. Potete procurarvi anche un codice civile che riporti in fondo le leggi speciali del lavoro, e su cui studierete il libro quinto "Del lavoro".

Leggi complicate

Spesso le leggi del lavoro sono incoerenti, e più spesso ancora sono vecchie. Perciò il mio consiglio è semplice: senti il tuo avvocato, però prima senti la tua associazione imprenditoriale, che forse costa meno. Oltre alla legge esiste la giurisprudenza, a volte contraddittoria anch'essa, perciò mi sembra un buon consiglio quella di sentire l'avvocato.

In materia di lavoro non tutto è chiaro, anzi quasi mai ! Ad esempio, se una legge si applica solo alle imprese con venticinque o più dipendenti, si applica alla tua azienda? Dipende da come la legge definisce "dipendente". Il part-time è un dipendente o una frazione di dipendente ? I dipendenti temporanei come si contano ? I consulenti ? Che cosa succede se non hai mai avuto più di ventitré persone in un periodo, ma a causa di un aumento di vendite hai avuto quaranta dipendenti nell'ultimo mese ?

Ogni legge risponde a questa domanda in modo diverso, e la risposta potrebbe cambiare spesso. Sembra spaventoso, ma bisogna tenere presente che un sacco di aziende sopravvivono e prosperano in questo ambiente. È possibile, specialmente se si usa po' di buon senso.

Questo opuscolo cerca di dare un orientamento, tuttavia, queste informazioni non sono un sostituto della consulenza legale. Prenditi un avvocato e parlane con lui spesso.

Di cosa vi dovete preoccupare

La misura in cui avete bisogno di preoccuparvi dei rapporti di lavoro dipende principalmente da due cose: il numero di persone nella vostra azienda e il grado di sindacalizzazione. Se la vostra azienda è sindacalizzata, è probabile che dovrete spendere una considerevole parte del vostro tempo a negoziare e gestire contratti di lavoro.

Per di più, è probabile che dovrete passare molto tempo sia con le persone sia con i rappresentanti sindacali. Se nella tua azienda non c'è un sindacato, o c'è un sindacato debole, ti conviene comunque non dare nulla per scontato.

Le persone sono persone, e non pensare che l'assenza di un sindacato valga a garantire che controversie occasionali non compariranno tra i dipendenti. Tu puoi assumere il ruolo di pacificatore. Abituati all'idea.

Attenzione alle discriminazioni

Il diritto del lavoro rende illegale alcune pratiche che vengono usate spesso. Perché se sono illegali vengono usate ? Perché sono entrate in passato nell'uso comune ed è difficile a volte pensare che quello che si è sempre fatto in realtà non si può fare.

Ad esempio, in molti casi, non si può discriminare in base al sesso, razza, religione, età, disabilità, gravidanza. Non entrerò nel merito dei singoli casi in cui la discriminazione è illegale, ma accendo un campanello per dirvi, state attenti ! Qui bisogna sentire lo studio legale.

Fa parte della vostra responsabilità conoscere bene il quadro normativo e i vincoli di legge. In alcuni casi il suggerimento viene facile; per esempio: Quando assumete i nuovi collaboratori, o quando fate una promozione, decidete unicamente sulla base della capacità di compiere il lavoro, e dovreste essere a posto in generale.

Pari opportunità di lavoro

La moderna normativa sulle pari opportunità è anticipata, in Italia, dalla Costituzione agli artt. 3, 37, 51 e 117.

I principi delle pari opportunità definiti nella normativa europea, sono stati recepiti in Italia con il D.Lgs. 215/2003, il D.Lgs. 216/2003 e la L. 76/2006.

Il Decreto legislativo 11/04/2006 n° 198 (G.U. 31/05/2006) è conosciuto come "Codice delle pari opportunità tra uomo e donna.

Il Decreto Legislativo n° 5 del 25/10/2010 (G.U. n° 29 del 5/02/2010) modifica il D.lgs. 198/06 "Codice delle pari opportunità" e rafforza il principio della parità di trattamento e di opportunità fra donne e uomini e prevede sanzioni più severe in caso di violazione di tali principi.

Attenti alla sicurezza

La sicurezza sul lavoro è normalmente affidata a specialisti con una preparazione tecnica, ma chi si occupa di Risorse Umane ha un ruolo molto importante, che è quello di verificare che le norme siano rispettate dai dipendenti. Perciò studiatevi il testo unico sulla sicurezza del lavoro e lavorate a stretto contatto con gli specialisti responsabili.

Discriminazione

Il favorire l'inclusione nelle istituzioni e nel mercato del lavoro è stata una delle finalità principali delle azioni adottate localmente con lo scopo di ridurre le disparità di genere. Al di là dei sistemi di riferimento e delle modalità, un'analisi più accurata dei progetti rileva che le azioni sono state accomunate da alcuni propositi prevalenti come il contrasto alla segregazione, il sostegno dei target svantaggiati nel mercato del lavoro, il sostegno all'occupazione femminile, l'attuazione di politiche di conciliazione, la lotta agli stereotipi, l'integrazione delle pari opportunità, l'orientamento in chiave di genere, e la valutazione in ottica di genere.

Gestire i comportamenti

"OTHER THAN YOUR WARDROBE, DAD, YOU'RE A GREAT ROLE MODEL"

Se ti occupi di Risorse Umane devi sapere alcune cose, o meglio alcune cose per cominciare, poi devi apprenderne molte altre.

La cosa più importante che devi sapere è che il comportamento degli individui inseriti in un contesto organizzativo dipende quasi esclusivamente dalle decisioni organizzative, e anche, ma meno, dalla loro struttura della personalità.

Devo anche avvertirti che gli psicologi la pensano diversamente, e sono fermamente convinti che i tratti della personalità abbiano un ruolo preponderante nel condizionare i comportamenti.

In realtà le decisioni organizzative schiacciano l'individuo molto oltre le caratteristiche personali. Ti faccio un esempio: in una situazione di grave crisi economica tutte le persone di buon senso agiscono per cercare di salvare il proprio posto di lavoro, o per trovarsene un altro e lo psicologo ci può fare ben poco; per cercare di arginare la crisi occorrono interventi sugli assetti organizzativi per tentare una energica azione di risanamento. E ciò è materia di economisti, ingegneri, esperti di finanza, e di Direttori del Personale molto pragmatici.

Il comportamento organizzativo

L'essere umano è un essere sociale e il comportamento umano è socialmente condizionato. Le organizzazioni sono costruzioni sociali dove le interazioni umane avvengono alla luce dell'interpretazione dell'altrui comportamento e pertanto ne conseguono transazioni in cui gli scambi si realizzano conformemente alle reciproche aspettative. Quanto l'individuo subisce il condizionamento sociale dipende da quanto forte è la sua personalità, ma non dimentichiamo che: "The role of the environment in shaping people's behavior is at least as great as, if not greater than, the role of the internal factors as personality traits, attitudes, and cognitions" "The external environment is a very important determinant of behavior. Many social scientists view personality traits as being less important than the environment, although this question is far from settled". "People in organizations" – Terence R. Mitchell e

James R Larson – McGraw-Hill International editions[1].

In sostanza si afferma che il ruolo dell'ambiente nel modellare il comportamento delle persone è grande quanto quello dei tratti della personalità, se non addirittura più grande.
Molti sociologi ritengono che i tratti della personalità siano meno importanti dei condizionamenti ambientali, anche se si tratta di una disputa non ancora risolta.

Da ciò possiamo trarre una conclusione, incontestabile anche sul piano delle esperienze di vita in azienda, e cioè che questa differenza di posizioni spiega abbondantemente perché è impossibile mettere totalmente sotto controllo i comportamenti umani.

---

[1] *"People in organizations" – Terence R. Mitchell e James R Larson – McGraw-Hill International editions*

Così, nell'esperienza quotidiana, incontriamo individui che appaiono completamente appiattiti rispetto alle regole e convenzioni sociali, che le accettano quasi acriticamente come qualcosa di dato, e individui dotati di forte spirito critico che si oppongono a regole e convenzioni, e anzi assumono il ruolo di modelli nel proporre forme sociali diversamente strutturate.

Generalmente i gruppi sociali hanno la capacità di esercitare una forte influenza sugli individui, attraverso meccanismi che consistono nell'approvazione o riprovazione sociale.

In un gruppo sociale costruito per raggiungere scopi economici, quale è un'azienda, il comportamento degli individui può essere condizionato per mezzo di questi meccanismi, attivati dai leader riconosciuti.

Chi ha vissuto esperienze di ristrutturazioni aziendali, di acquisizioni o di fusioni, dovrebbe avere constatato la rapidità del cambiamento imposto dalla nuova situazione e dai nuovi leader. La naturale resistenza al cambiamento lascia gradualmente il posto al desiderio di accondiscendere e di ritrovare il benessere mediante l'accettazione delle nuove regole e convenzioni sociali. In parole semplici, l'organizzazione cambia e gli individui si adeguano.

L'organizzazione come struttura sociale è pertanto un formidabile mezzo di controllo del comportamento degli individui, e si avvale di meccanismi quali le tecniche di gestione delle risorse umane.

Queste tecniche consistono in larga parte di meccanismi che la sociologia chiama rinforzi o punizioni, come i sistemi retributivi, le promozioni, l' approvazione o disapprovazione sociale, ecc.

Le organizzazioni influenzano il comportamento anche attraverso l'esempio dei leader, che con la loro immagine e i concreti comportamenti danno una rappresentazione visibile del comportamento atteso.

Osservazioni pragmatiche

Chi lavora in un'organizzazione, un'azienda profit ad esempio, o una pubblica amministrazione, sa che il proprio comportamento è condizionato dal giudizio dei capi e dei colleghi, al punto che a volte siamo costretti a relazionarci forzando il nostro stesso carattere.

Banalmente, possiamo pensare che nelle giornate afose d'estate, vorremmo lavorare in t-shirt e invece, magari, siamo costretti a indossare giacca e cravatta. Non dovrebbe essere difficile ammettere che ci comportiamo, almeno in parte, come se volessimo fare una bella figura con gli altri. E' un cane che si morde la coda, noi facciamo ciò che gli altri si aspettano, e gli altri fanno ciò che noi ci aspettiamo da loro.

Esistono naturalmente gli spiriti liberi e le personalità d'acciaio, ma non è difficile immaginare che non accetterebbero a lungo le regole dell'organizzazione; probabilmente troverebbero sfogo nei sindacati o nel gestire il proprio tempo libero. Le personalità comuni si adattano rapidamente e si piegano alle logiche dell'organizzazione.

L'ambiente sociale è in grado di condizionare gli individui in una molteplicità di situazioni. Pensiamo a un collaboratore che non rispetta mai le scadenze. Possiamo pensare che lo fa per le sue intrinseche caratteristiche, ad esempio perché è pigro. Può anche darsi, ma la spiegazione è un po' povera e anche discriminatoria. Proviamo invece a ricercare altre cause, ad esempio proviamo a guardare l'ambiente e l'organizzazione che lo circonda; può darsi che questo collaboratore sia sovraccarico di lavoro, può darsi che sia colpa del suo capo che non gli fornisce chiare linee di indirizzo, può darsi che il compito non sia chiaro. Vedrete che potrete trovare molte spiegazioni e che potete fare cose più intelligenti che punirlo o licenziarlo.

"People don't cause problems for the organizations, but organizations can cause problems for people that get in the way of the organisations' objectives. Until we realize this and change our focus from what is wrong with people to what is wrong with the organization, organisations won't be as effective as they can and must be, and executives and managers won't be fully successful" (Ozley 1979)

Obiettivi organizzativi

Le organizzazioni sono il contesto nel quale avviene il comportamento degli individui sul lavoro, così per comprendere i comportamenti bisogna conoscere bene le organizzazioni.

Nella maggior parte dei casi le organizzazioni nascono perché le persone mettono insieme le proprie forze per scopi utilitaristici, cioè nascono e si sviluppano per facilitare il raggiungimento di obiettivi, che nel caso delle imprese il più delle volte sono di ordine economico.

Dal punto di vista delle persone e del loro comportamento possiamo pensare alle organizzazioni come sistemi per coordinare i comportamenti. Bisogna notare che le persone che entrano a far parte di un'organizzazione rinunciano a un po' della propria indipendenza, in quanto si impegnano a raggiungere gli obiettivi dell'organizzazione adottando i comportamenti imposti dai leader riconosciuti, in cambio di poter raggiungere i propri obiettivi, ad esempio salire nella scala sociale andando a ricoprire un ruolo di prestigio.

E' molto importante che un'organizzazione consenta alle persone che ne fanno parte di raggiungere gli obbiettivi personali, altrimenti nel breve e medio termine le perderà, e a lungo termine rischierà di estin-

*guersi per mancanza di risorse umane a-
deguate ai compiti. Sul piano pratico vi
deve essere un buon livello di compatibilità
tra obiettivi delle persone e quelli
dell'organizzazione.*

*Le persone che fanno parte
dell'organizzazione adatteranno i loro
comportamenti agli standard dettati dai
leader riconosciuti allo scopo di raggiungere una situazione di benessere. Da questo
punto di vista gli obiettivi hanno la funzione di strumento per indirizzare i comportamenti, per motivare le persone, oltre che
di costituire standard per la valutazione.*

Osservazioni pragmatiche

*Gli individui si mettono insieme, formano
delle organizzazioni, per portare avanti
progetti, svolgere attività, in generale per
raggiungere obiettivi. Un obiettivo importante può essere quello di guadagnare uno
stipendio, perché si tratta di un bisogno
primario.*

Gli individui possono anche avere obiettivi di livello più elevato, come ad esempio avviene per chi lavora per le organizzazioni di volontariato. Se entro in un'organizzazione rinuncio a un po' della mia libertà, ma non sono in genere disposto a rinunciare a tutta la mia libertà, devo avere lo spazio per realizzare la mia vita personale. Se l'organizzazione non mi dà questo spazio comincio a pormi il problema di dover a tutti i costi trovare una soluzione, che prima o poi troverò.

Perciò le organizzazioni devono occuparsi anche di lasciare lo spazio vitale ai propri collaboratori, perché così facendo fanno il proprio interesse vitale.

L'equilibrio tra obiettivi personali dei collaboratori e obiettivi dell'organizzazione si raggiunge con l'avvicinamento di entrambe le parti. Una volta che detto equilibrio è stato raggiunto il collaboratore dedica volentieri le sue energie all'organizzazione, che a sua volta può avvalersi di un collaboratore motivato.

Le organizzazioni, spesso, collegano un bonus al raggiungimento degli obiettivi. In questo caso gli obiettivi, oltre che da guida per i comportamenti, svolgono la funzione di incentivare la performance. Le organizzazioni hanno da tempo preso atto delle risultanze della ricerca psico sociale, e cioè che i fattori ambientali costituiscono probabilmente le più significative determinanti dei comportamenti, più delle caratteristiche personali, che mediamente si piegano alle esigenze dell'organizzazione.

Perciò nella valutazione dei collaboratori, è invalsa la tendenza ad abbandonare parametri riferiti a tratti della personalità, del tipo "è tenace nel perseguire gli obiettivi", a favore, ad esempio, del più misurabile "qual è stata la percentuale di raggiungimento degli obiettivi assegnati.

Gli obiettivi necessitano di pragmatismo, e le organizzazioni hanno preso atto che non esiste uno strumento per misurare con precisione la tenacia, e perciò fanno ricorso più volentieri alla percentuale, dato che uno strumento per misurarla, di precisione matematica, esiste fin dai tempi di Pitagora.

Struttura formale

La struttura organizzativa formale rappresenta il modo in cui l'organizzazione suddivide i compiti tra gli appartenenti all'organizzazione. Per questo motivo è un altro potente mezzo di controllo del comportamento, in quanto è di tutta evidenza che l'assegnare i compiti e definire i ruoli è una manifestazione del potere dei leader riconosciuti.

Inoltre i compiti e ruoli vengono definiti attraverso meccanismi di accertamento delle attitudini, competenze, capacità, che sono un insieme di attività dalle quali deriva il coinvolgimento delle persone rispetto agli obiettivi stabiliti dall'organizzazione.

Discutere di struttura formale implica discutere di management, inteso come l'insieme delle persone a cui è demandato il compito di guidare il comportamento degli individui, di coordinare le risorse finalizzandole verso gli obietti organizzativi.

Osservazioni pragmatiche

Non c'è gran che da aggiungere, il paragrafo è pragmatico di per sé, la definizione della struttura organizzativa e la scelta del management sono l'espressione visibile della ripartizione dei compiti, responsabilità, potere, e importante mezzo per guidare i comportamenti delle persone.

La struttura organizzativa può essere progettata e costruita in vari modi, e ciò dipende da diversi fattori, come la dislocazione sul territorio, la dimensione aziendale, il grado voluto di accentramento e de-centramento decisionale, e altro.

La posizione di manager, o il desiderio di crescere per diventare manager, rappre-senta una leva formidabile di controllo del comportamento.

Chi vuole crescere nell'organizzazione si comporterà secondo le aspettative. La struttura manageriale è la rappresentazio-ne visibile della potenza dell'organizzazione. Il compito dei manager di medio livello è quello di fare una sorta di "sintonia fine" rispetto ai comportamenti che non sono ancora alli-neati.

Relazioni Informali

Lavorare in un'organizzazione significa la-vorare con altre persone, e le persone con cui lavoriamo influenzano il nostro compor-tamento. Ciò vale anche nei rapporti tra pari, che non hanno nessun potere formale ne autorità su di noi.

Infatti i gruppi di pari sono garanti delle norme sociali che influenzano, ad esempio, quanto sforzo l'individuo mette per raggiungere gli obiettivi organizzativi, o semplicemente l'impegno che gli individui mettono nel fare il loro lavoro.

E' facile da capire, i gruppi sociali di cui facciamo parte influenzano persino il modo in cui ci vestiamo, a volte forzando la nostra personalità, e ciò la dice lunga sulla forza dei fenomeni sociali rispetto alla forza delle caratteristiche individuali.

Osservazioni pragmatiche

A proposito di relazioni informali, chi ha esperienza di lavoro, specialmente all'interno di grandi organizzazioni, avrà toccato probabilmente con mano l'effetto che può provocare il pettegolezzo e il sentito dire, magari dall'assistente dell'amministratore delegato nella pausa caffè.

Le dicerie aziendali, il pettegolezzo, il sentito dire, sono in genere l'avanguardia delle notizie che stanno arrivando; quando le notizie sono diventate di dominio pubblico ci si accorge, quasi sempre, che i pettegolezzi non erano altro che una rappresentazione anticipata della verità.

Il senso di appartenenza

Quali sono le forze che tengono insieme gli organismi sociali che formano la struttura aziendale ? E' ovvio che la principale di queste forze è il bisogno primario degli individui di guadagnarsi lo stipendio.

Diversamente dalle strutture sociali naturali che sono coese su temi che fanno riferimento ai sentimenti profondi e ai valori, le strutture sociali aziendali sono invece coese su temi che richiamano il senso di appartenenza alla comunità.

Gli appartenenti a questa comunità hanno bisogno delle relazioni con i colleghi di la-

voro, con i capi, di partecipare ai rituali a-
ziendali che accompagnano gli eventi,
hanno il piacere di riconoscersi nei simboli
aziendali, che costituiscono punti stabili di
riferimento.

Gli individui appartenenti ad una comunità
aziendale hanno il bisogno sociale di sviluppare un elevato numero di relazioni fugaci, che sono molto diverse da quelle profonde, basate su valori, convinzioni, ideali,
che compattano le società.

Queste relazioni fugaci sono importanti in
termini strumentali, si definiscono sempre
più come incontro di interessi reciproci,
che non l'incontro di persone e storie, e dei
sentimenti che vi sono implicati. Perciò,
per alimentare il senso di appartenenza,
stante l'impossibilità di lavorare sui sentimenti profondi, sui quali i collaboratori non
sono disposti a scendere a compromessi,
bisogna lavorare su queste relazioni fugaci.

Osservazioni pragmatiche

Il senso di appartenenza di un manager si esprime generalmente nell'orgoglio di ricoprire un ruolo importante in un'organizzazione ancora più importante.

Dato che questi manager sono molto orgogliosi di far parte di una tale organizzazione spesso lo ostentano sentendosi gratificati. Si comprende facilmente che un manager di questo tipo, e sono la maggior parte, si comporterà nel modo richiesto, accettando le regole dell'organizzazione, al fine di conservare il proprio status, che di solito è accompagnato da uno stipendio molto interessante.

Il ruolo delle caratteristiche individuali è subordinato alla forza delle pressioni che provengono dall'organizzazione, e si esplicita nelle differenti modalità dell'adattamento. Pertanto qualcuno si adatterà senza fiatare e qualcun altro aprirà interessanti discussioni con i leader dell'organizzazione, e poi, dopo aver analizzato i pro e i contro, dichiarerà che i pro sono decisamente a favore e troverà conveniente adeguarsi.

Se qualcuno di questi manager è abbastanza prossimo alla pensione resisterà, dichiarando che i contro sono decisamente superiori ai pro, e finirà di discutere quando arriverà la concessione del sostanzioso bonus per aprire la pratica di prepensionamento.

Per i collaboratori che non sono manager ma semplici impiegati il senso di appartenenza riguarda, anche per loro, l'orgoglio di lavorare per una così potente organizzazione, ma spesso anche le relazioni con i colleghi, con i quali condividono un reciproco star bene insieme.

Questo collaboratore sta bene in azienda e perciò è interessato a restarvi il più a lungo possibile, ed è quindi disposto ad adattare i propri comportamenti alle esigenze

organizzative, anzi non c'è nemmeno bisogno di chiederlo, l'adattamento alle esigenze è dato per scontato, basta che possa continuare a frequentare il gruppo dei
colleghi che la pensano allo stesso modo.

Il lavoro

E' risaputo che il lavoro che svolgiamo de-
termina in gran parte il nostro posto nella
società. Naturalmente le cose non sono così schematiche, ma indubbiamente vi è
uno stretto rapporto tra lavoro, livello di
reddito, stile di vita e considerazione sociale.

In sostanza il tema della stratificazione sociale è strettamente connesso a quello del
lavoro, che costituisce l'elemento più importante di differenziazione dei gruppi sociali. Dunque, se il lavoro è determinante
per definire la stratificazione sociale, ne
deriva che le organizzazioni cercheranno di
dare al lavoro, di qualsiasi tipo, un'aura di

desiderabilità, attraverso meccanismi che ne arricchiscano il valore apparente.

In parole semplici le organizzazioni attueranno iniziative volte a coinvolgere i collaboratori, con l'obiettivo di rafforzare il senso di appartenenza e di ottenere i comportamenti voluti. Dette iniziative saranno di tipo organizzativo e avranno effetti sugli individui, determinandone i comportamenti attraverso meccanismi quali l'approvazione o riprovazione sociale (Campenni, Lavoro e stratificazione sociale[2]).

Osservazioni pragmatiche

Il lavoro desiderabile e ambito è quello stabile, che si svolge nelle grandi organizzazioni. Il lavoro precario non è desiderabile né ambito ma concorre a determinare la stratificazione sociale.

---

[2] *Campenni, Lavoro e stratificazione sociale*

Per gran parte delle persone il lavoro è il mezzo per portare a casa lo stipendio, per un'altra gran parte il lavoro è anche di più, è un mezzo per acquisire e mantenere la propria dignità, per altre ancora serve per essere socialmente riconosciuti.

In tutti i casi il lavoro ha un'importanza fondamentale nella vita degli individui, e non c'è dubbio che le persone sono disposte ad adattare il proprio comportamento in funzione del lavoro.

Norme, ruolo, status

La maggior parte del comportamento organizzativo è comportamento appreso. Oltre alle competenze tecniche noi apprendiamo anche una grande quantità di informazioni su come funziona l'organizzazione, quali tipi di comportamenti sono appropriati e quali no.

Queste sono competenze trasversali, sono le norme non scritte seguendo le quali l'individuo ottiene l'approvazione sociale, al contrario, disattendendole, viene disapprovato. I comportamenti degli individui sono pertanto condizionati e tenderanno ad adeguarsi agli standard voluti.

Il ruolo comporta una gamma di comportamenti attesi, che nulla hanno a che vedere con le caratteristiche degli individui, ma con i contenuti del ruolo appunto. L'assegnazione dei ruoli è una prerogativa dei leader, ed è un potente mezzo di controllo del comportamento degli individui che passa attraverso il conferimento di responsabilità e di potere. Il ruolo, le norme, lo status, hanno lo scopo di ridurre l'incertezza sociale, dato che ad essi sono riconosciuti e collegati una gamma di eventi, situazioni, comportamenti attesi e prevedibili.

Ancora una volta ciò mostra l'impatto dei fattori organizzativi sul comportamento degli individui, al punto che talvolta ciò che appare essere il problema di una persona può essere in ultima analisi un problema organizzativo.

Osservazioni pragmatiche

Gli individui inseriti in un'organizzazione apprendono rapidamente quali sono le re-gole e i comportamenti che ci si aspetta da loro, che i capi si aspettano da loro, ma anche i colleghi.

Questo è un meccanismo efficace al punto che chi non si adegua viene estromesso dai gruppi di riferimento, che in parole più semplici vuol dire che viene tagliato fuori dai rapporti quotidiani e isolato, non solo, diventa oggetto di gossip e anche critiche aperte. Per quanto riguarda il ruolo è evidente che è anche questo un potente strumento di condizionamento del compor-tamento individuale.

Il ruolo condiziona non solo i comporta-menti, ma anche gli atteggiamenti. La pragmatica osservazione degli eventi rende chiaro che, per esempio, l'atteggiamento nei confronti del management cambia per la stessa persona quando viene inserita in un ruolo di status superiore.

Chi non ha mai osservato direttamente questo fenomeno può dare un'occhiata agli studi di Lieberman, che se n'era occupato già nel 1956. Oppure si basi sul luogo comune che quando una persona diventa capo diventa anche un po' antipatico, e questa perla di saggezza popolare è preesistente agli studi di Lieberman.

Anche le norme di un gruppo si possono osservare con facilità. Ecco alcune norme di un gruppo di colleghi di una grande organizzazione: vengono al lavoro qualche minuto prima dell'orario per poter fare un po' di gossip prima di iniziare, prendono il caffè alla stessa ora sia al mattino che al pomeriggio, più o meno producono la stessa quantità di lavoro ogni giorno, alla sera si preparano a uscire qualche minuto pri-

ma tutti insieme, e così di seguito po-
tremmo elencare altre regolarità di comportamenti, che vanno dal modo di vestire
al modo di parlare.

Discorso interessante è quello sulla cultura
organizzativa, che si riferisce ai modelli,
alle norme, condivise dall'intera organizzazione. Le organizzazioni che hanno una
forte cultura organizzativa sono quelle nelle quali il capo di tutti ha deciso che ci
debba essere.

L'affermazione è un po' forte, e allora diciamolo in altro modo: sono quelle nelle
quali il capo ha capito che tipo di cultura
dare alla propria organizzazione per farla
meglio interagire con il mercato e di conseguenza fare buoni profitti.

E' vero che per consolidare la cultura organizzativa bisogna lavorarci un po', ma le
grandi organizzazioni possono pagare
squadre di specialisti per occuparsi di questo.

Lo status possiamo spiegarlo così: l'essere umano è un essere sociale che tende a dominare i suoi compagni del gruppo, e quando ci riesce acquisisce uno status agli occhi degli altri, che ha la tendenza a essere permanente.

Anche questa affermazione è un po' forte, dopo tutto noi esseri umani abbiamo acquisito anche una certa educazione che ci porta a essere indulgenti con gli altri. Pertanto la lotta per l'acquisizione di status si avvale di meccanismi di mediazione che rendono più civile la competizione e meno amara la sconfitta dei deboli. Il ruolo differenzia i compiti, lo status stratifica la gerarchia.

La quotidianità aziendale

I collaboratori tendono ad accondiscendere rispetto alle richieste dell'organizzazione allo scopo di ripristinare la situazione di benessere preesistente al cambiamento, *più rapidamente se sostenuti con azioni di supporto.*

La situazione di benessere è quella che corrisponde alla quotidianità, situazione nella quale è centrale la tendenza a ridurre lo straordinario a routine. La routine, sebbene sia poco stimolante, assicura sicurezza e protezione dall'incertezza, e rende di fatto possibile la coesistenza sociale. (libera citazione di Anthony Giddens, 1984).

Anche la quotidianità è un mezzo per il controllo organizzativo, o meglio lo è la tendenza degli appartenenti alle strutture sociali a tradurre lo straordinario in ordinario.

Osservazioni pragmatiche

Le dolci abitudini quotidiane sono anch'esse uno strumento di controllo del comportamento, magari non molto diretto, ma diciamolo chiaramente, alla maggioranza delle persone piace il quieto vivere, e per il quieto vivere è disposta ad adeguarsi a varie situazioni.

Attenzione ! le dolci abitudini quotidiane possono essere pericolose. Ecco una storiella che rende l'idea di come i gruppi sociali influenzano i comportamenti, in questo caso si tratta di un gruppo di colleghi: Pinco Palla si era laureato piuttosto brillantemente e aveva trovato abbastanza velocemente il suo primo lavoro in una grande azienda della sua città.

Per Pinco Palla tutto era una novità e perciò era euforico e desideroso di dimostrare quanto era bravo. Siccome era un ragazzo socievole ed estroverso si inserì subito nel gruppo dei colleghi ed era molto benvoluto. Il gruppo dei colleghi usava uscire per pranzo in uno dei ristoranti della zona, e qualcuno beveva un bicchierino di spumante come aperitivo.

Pinco Palla non era abituato a bere prima di pranzo e quindi non beveva, tuttavia questo era un momento della giornata molto piacevole anche per Pinco Palla. Passavano i mesi e il lavoro e i colleghi non erano più una novità, e Pinco Palla scopriva di aspettare con piacere il momento del pranzo, come se fosse il momento più importante della giornata. A volte beveva anche lui il bicchiere di spumante come aperitivo.

Del resto il lavoro era diventato abbastanza noioso, e i capi non si impegnavano molto a dare obiettivi sfidanti. Pinco Palla trovava le sue soddisfazioni nel gruppo dei pari e nel momento dell'aperitivo, che ormai prendeva con regolarità, anzi a volte gli veniva la tentazione di fare il bis, ma pensava che era meglio evitare.

Avete già capito la strada che aveva imboccato il nostro Pinco Palla. Per colpa di chi? Le colpe dell'organizzazione: l'organizzazione non ha dato obiettivi stringenti e ha lasciato che la situazione si deteriorasse. Le colpe di Pinco Palla: lui è di carattere docile, socievole, e debole, come resistere alle lusinghe dell'aperitivo?

Certamente se gli fossero stati dati degli obiettivi da raggiungere, con un carattere così, si sarebbe fatto in quattro, se non altro per timore dei capi.

Inserimento e socializzazione

Un aspetto importante che riguarda i meccanismi di coesione all'interno delle organizzazioni è la profondità del livello di socializzazione degli individui, cioè l'adesione alle regole, norme, prassi, simbologia caratteristica.

Il processo di socializzazione riguarda attività quali la comunicazione, i riti celebrativi di eventi, la formazione, l'inserimento guidato, etc. Si tratta in massima parte di attività che si rivolgono all'organizzazione tutta, e non al singolo individuo.

I processi di socializzazione hanno lo scopo di inserire l'individuo nel contesto organizzativo, in ultima istanza direi di determinarne i comportamenti. E' un processo che interviene sul piano culturale, ha un effetto di tipo educativo, mira ad ottenere l'adesione spontanea degli individui alle norme, attraverso una rappresentazione sociale a valenza positiva, che significa, in breve, che io, individuo, sono orgoglioso di appartenere all'organizzazione e posso vantarmene nelle mie relazioni, ottenendo il rispetto e l'ammirazione dei miei gruppi di riferimento.

Perciò è opportuno che le organizzazioni lavorino con efficacia sui processi di inserimento dei collaboratori, a partire dalla fase della ricerca e selezione, in modo da dare al collaboratore un forte senso di appartenenza.

Affinché il nuovo assunto raggiunga un buon livello di performance è necessario che acquisisca rapidamente una serie di competenze trasversali che sono le seguenti: gli obiettivi di fondo dell'organizzazione, i modi con cui questi obiettivi devono essere perseguiti, le responsabilità del proprio ruolo, i modelli di comportamento attesi e legati al ruolo, le regole e valori dell'organizzazione.

Il processo di socializzazione, indispensabile per i nuovi assunti, continua lungo tutto l'arco di tempo di permanenza dell'individuo nell'organizzazione, ed è un meccanismo fortissimo di controllo sociale del comportamento.
Persino il nostro modo di vestire e di parlare è socialmente condizionato, spesso in contrasto con i tratti della nostra personalità.

Osservazioni pragmatiche

La socializzazione è uno strumento importantissimo di controllo del comportamento. Più un individuo è inserito nell'organizzazione e più il suo comportamento è controllabile.

Le aziende avvedute lavorano molto sui processi di socializzazione. Pensiamo ai grandi meeting delle aziende multinazionali, nei quali viene celebrata la potenza dell'organizzazione, possiamo confessarlo, la maggior parte di noi ne usciva gratificato, a volte persino un po' esaltato.

Di conseguenza, come non adeguare il nostro comportamento alle richieste dell'organizzazione? Ecco un esempio di piano di socializzazione, o per meglio dire, piano di inserimento, di una grande organizzazione, che riguarda un collaboratore operativo, e che si svolge nell'arco di alcune settimane dall'assunzione.

Il collaboratore, tra l'altro, apprende: attività specifiche relative alla posizione, cosa fare,come farlo, con chi parlare, il ritmo di lavoro, le proprie responsabilità. In altri termini il quadro di aspettative e regole che costituiscono il ruolo; cosa il proprio gruppo di colleghi si aspetta da lui in termini di comportamento e relazioni, cioè le norme del gruppo dei pari; come relazionarsi con superiori e subordinati, cioè lo statuse le relazioni di status.

I cambiamenti organizzativi

Le dinamiche di trasformazione della società producono effetti profondi nelle coscienze, nel modo di interpretare la realtà in cui viviamo, e in ultima analisi nei comportamenti. Ciò che ieri era ritenuto utile e necessario non lo è più oggi, in quanto la considerazione sociale dell'utile e necessario è rapidamente cambiata.

Per spiegare a noi stessi il perché una certa pratica sociale era ritenuta efficace in passato facciamo ricorso alla memoria, ma non intesa in senso individuale, come una dimensione intima e personale, ma come espressione dei rapporti che l'individuo ha *intrattenuto o ai gruppi a cui è appartenuto in passato.*

In questo senso la memoria è socialmente condizionata (La memoria contesa, a cura di Anna Lisa Tota, Franco Angeli)[3] (Teresa Grande, Il mutamento sociale - Halbwachs[4]).

Proviamo a pensare ai nostri comportamenti politici giovanili, li possiamo spiegare solo facendo ricorso ad un concetto di memoria di fatti ed eventi strettamente intrecciati, e in questo senso sociali.

Inoltre la memoria è ampiamente condizionata dagli eventi attuali, rispecchiando, in maniera più o meno evidente, il contesto ideologico, sociale e culturale entro cui il passato viene oggi interpretato.

---

[3] *La memoria contesa, a cura di Anna Lisa Tota, Franco Angeli)*

[4] *Teresa Grande, Il mutamento sociale - Halbwachs*

Se la società cambia quando cambiano le convinzioni profonde degli individui, le strutture organizzative, che sono basate su rapporti fugaci e utilitaristici, cambiano quando lo decidono i leader, e i collaboratori adeguano di conseguenza i loro comportamenti.

Sarà importante agire anche sugli individui con azioni di supporto, intese ad agevolare l'accondiscendenza rispetto al nuovo contesto.

Osservazioni pragmatiche

Sappiamo tutti che gli individui resistono al cambiamento "per principio", ma non dimentichiamo che il cambiamento organizzativo è accompagnato da una "potenza di fuoco" a cui l'individuo non può resistere a lungo.

In fin dei conti, non fosse altro che per quieto vivere, con i capi è meglio andare

d'accordo, con i colleghi anche, i nuovi o-
biettivi è meglio cercare di raggiungerli altrimenti non si prende il bonus. E' plausibi-
le che le persone cerchino di tornare al più
presto alla situazione di quieto vivere an-
tecedente al cambiamento

I manager e il comportamento

La struttura manageriale dovrebbe gestire
importanti processi che attengono
all'efficienza organizzativa, come ad esempio il processo di selezione del personale,
della valutazione della performance, del si-
stema di ricompense, e della socializzazione dei nuovi assunti.

Tuttavia nelle grandi organizzazioni
l'apporto della linea manageriale è piuttosto limitato, in quanto questi temi comportano la conoscenza di aspetti specialistici
tali per cui necessariamente devono essere
affidati a super esperti.

E' comunque importante che la linea manageriale sia coinvolta in alcuni passaggi
decisionali, come i colloqui di selezione, il
valutare i collaboratori, il partecipare nella
decisione delle ricompense.

Osservazioni pragmatiche

La linea manageriale, fatta di professionisti
addestrati, è l'espressione vivente della
potenza di fuoco delle organizzazioni.

Il processo di selezione

Il processo di assunzione è un processo a più fasi, e ogni fase è importante per la buona conclusione della selezione. Molto importanti sono le fasi iniziali del processo e bisogna stare attenti a non fare passi falsi. Nessun passo falso può fare più danni che quello di non aver preso abbastanza tempo all'inizio per formarvi una chiara comprensione delle vostre esigenze di personale. In questo capitolo, esaminiamo le fasi critiche del processo di assunzione. Quando assumo intendo trovare le persone migliori per ricoprire le posizioni vacanti, cioè inserire nelle posizioni vacanti persone con le competenze giuste per lo sviluppo del business. Per assumere le persone giuste pertanto devi pensare:

- ✓ Quali sono i compiti e le responsabilità che servono all'impresa, per migliorare la sua capacità di competere;
- ✓ Determinare quali competenze e capacità sono necessarie per ottenere prestazioni eccellenti in ogni specifica funzione;
- ✓ Quali sono i valori che contraddistinguono l'impresa, in modo da ricercarli nelle persone da assumere;
- ✓ Di impostare il colloquio di selezione come solo uno degli elementi del processo che porterà alla scelta del candidato giusto;

✓ *Di considerare di avere un mix corretto di lavoratori a tempo pieno e temporanei, per soddisfare le esigenze dei carichi di lavoro variabili.*

Costruire una strategia

È vero che l'impostazione della strategia della tua azienda è in primo luogo responsabilità del senior management e non una funzione delle risorse umane, ma è necessario che tu conosca bene le priorità generali della tua azienda per determinare le loro implicazioni sul personale.

E' molto importante fare in modo che ogni decisione sulle risorse umane sia coerente con le priorità di business. Ricorda che tu non stai semplicemente riempiendo posti di lavoro vacanti, ma stai cercando sempre di portare alla tua azienda le competenze e gli attributi necessari per essere pronti a qualsiasi sfida.

Per fare ciò devi guardare al di là delle esigenze puramente funzionali delle varie posizioni nella tua società, e concentrarti invece su quali sono le competenze nelle quali i dipendenti devono lavorare in modo eccellente.

Punti importanti del processo

Parlando di persone giuste al posto giusto queste sono le cose che il responsabile delle risorse umane deve fare per portare avanti il processo:

- ✓ Lavorare con dirigenti e manager di linea per individuare le esigenze di personale;
- ✓ Pensare a strategie di sviluppo delle risorse umane che rispondano alle esigenze di breve termine ed esigenze strategiche a lungo termine;
- ✓ Supervisionare il processo di reclutamento e dei suoi numerosi attori, tra cui i manager di linea;

✓ Aiutare i manager di linea a fare il meglio possibile per la loro parte nel processo.

Provate a pensare in termini di bisogno piuttosto che di posti di lavoro, e pensate a lungo termine e non a breve, e avendo in mente la strategia di business.

Questo approccio si lega direttamente al concetto di evoluzione del ruolo delle risorse umane da professionale a strategico. Per avere successo, è necessario acquisire una solida conoscenza della vostra azienda; questa è la tua priorità.

Non è possibile adottare un approccio strategico tutto da solo. Hai bisogno degli altri dirigenti dell'organizzazione. Vi servirà il loro contributo per capire le priorità di reparto, e se lavorerete bene acquisirete credibilità, e anche loro avranno bisogno del tuo aiuto. Lavora con il top management; insieme devi identificare *tutto ciò che può influenzare l'efficienza e la economicità della gestione della tua azienda.*

Ecco alcune delle domande chiave a cui dovete rispondere prima di fare la prossima mossa:

- ✓ *Quali sono i vostri obiettivi strategici aziendali di lungo periodo ?*
- ✓ *Quali sono le principali tendenze della concorrenza nel vostro settore? (In altre parole, quali fattori hanno la maggiore incidenza sulla successo competitivo?);*
- ✓ *Che tipo di cultura esiste attualmente nella vostra azienda? Quali sono i valori che si desidera posseggano i nuovi assunti ?*
- ✓ *Quali conoscenze e competenze bisogna ricercare per essere coerenti con gli obiettivi di business ?*
- ✓ *Quale piano attuare per assicurare che i dipendenti attuali saranno in grado di*

sviluppare le competenze per tenere il passo con la concorrenza?

Non si tratta solo di assumere più dipendenti. Si tratta di fare le scelte migliori di personale per gestire il core business. Se un manager di linea sta pensando di riempire una posizione esistente, incoraggiatelo a considerare come nel suo gruppo le esigenze più critiche sono cambiate rispetto a un po' di tempo addietro.

Verificate sempre con chi propone l'assunzione per una migliore comprensione di come le attuali risorse sono allocate. Aiutalo a identificare la frequenza e la tempistica di picchi di lavoro, e anche a cercare nuovi modelli organizzativi.

Discutere l'impatto dei cambiamenti nelle priorità aziendali e quali eventuali effetto di questi possono avere sul gruppo di lavoro in questione. Questa discussione consente di individuare eventuali carenze nelle risorse umane per le prossime iniziative.

Considerare un mix di risorse

Se si identificano delle carenze, come si farà a colmare il divario? Se è possibile si spostano alcune funzioni, domandandosi se è possibile che uno o più membri del personale possano essere caricati di ulteriori compiti.

La ridistribuzione di personale a tempo pieno può in parte soddisfare le richieste di aumento di organico, ma questo passo da solo probabilmente non è la risposta a tutti i problemi di personale della vostra azienda.

Se il personale di base è completamente occupato e si dispone di nuovi compiti che devono essere gestito su una base a lungo termine, può essere utile assumere personale permanente supplementare. Se prossimi progetti sono di durata limitata o avete bisogno di particolari competenze non disponibili internamente, un mix di dipendenti a tempo pieno e temporaneo può essere la soluzione migliore.

In alcuni casi può essere utile l'outsourcing, girando una funzione intera ad uno specialista esterno, può soddisfare le vostre esigenze.

I professionisti delle risorse umane

Con l'adozione di un approccio strategico alla gestione del personale, le opzioni si moltiplicano. Si guadagna flessibilità. Esso consente ai dirigenti delle società di ricorrere a un mix ben congegnato di talenti per soddisfare sia gli obiettivi attuali che quelli a lungo termine.

Rivalutare gli obiettivi annualmente

Il cambiamento è molto rapido nel mondo del business. Perciò una priorità assoluta è quella di variare nel tempo obiettivi e piani per cercare di mantenere l'impresa competitiva. Di conseguenza dovrai cambiare o aggiornare la tua strategia delle risorse umane, per definire i nuovi fabbisogni qualitativi e quantitativi.

Trovare nuovi dipendenti

Il fabbisogno di dipendenti per ricoprire le posizioni vacanti può essere ricoperto attingendo all'interno o all'esterno dell'organizzazione. Comincia con il guardare dentro la tua azienda, che dovresti conoscere molto bene.

Ma prima di entrare nello specifico della tua strategia di assunzione, dovresti valutare se conviene concentrare gli sforzi all'interno dell' organizzazione, o guardare fuori per i nuovi talenti. La regola di successo è sempre stata quello di fare del vostro meglio per riempire la posizione vacante dall'interno, prima della ricerca di candidati esterni.

I motivi sono i seguenti: Assumere dall'interno di solito prende meno tempo ed è generalmente meno costoso (a breve termine, almeno) che assumere dall' esterno. Non c'è bisogno di nuotare attraverso risme di curriculum. È possibile scegliere più rapidamente mediante l'intervista, e non c'è bisogno di preoccuparsi per l'affidabilità delle informazioni di riferimento. Inoltre, dipendenti in servizio sono una quantità nota. Sai che tipo di prestazioni ci si può aspettare da loro;

Assumere all'interno invia un messaggio ai dipendenti a tutti i livelli della propria organizzazione che una buona resa e viene premiata, aumenta la motivazione al lavoro; Il periodo di adattamento è più breve; Non solo i dipendenti esistenti hanno già familiarità con le politiche aziendali, ma sono probabilmente consapevoli di ciò che il nuovo lavoro comporta.

Forza lavoro diversificata

Negli ultimi anni il concetto di diversità è entrato nel mondo delle imprese. Tutti sanno che nel luogo di lavoro trovano sempre più spazio i problemi delle donne e degli stranieri.

La diversità ha un impatto estremamente positivo sul contesto economico. Se tutti nella vostra azienda pensano allo stesso modo, si perde la possibilità di far maturare idee innovative, che spesso provengono da persone provenienti da diverse culture. Sono idee che possono aiutare a migliorare i vostri prodotti e il livello di servizio alla clientela.

La diversità influenza anche le azioni di reclutamento, perché è ovvio che la comunicazione deve raggiungere diversi gruppi (etnici o altro) nel loro ambiente sociale. Saranno inoltre necessarie adeguate azioni di formazione, dove il termine può voler significare una formazione intesa ad aumentare la sensibilità verso "l'altro". Quando le persone si sentono accettate e apprezzate dai loro colleghi, subordinati, e supervisori, la loro fedeltà E il loro morale aumenta la fedeltà e il morale, e questo a sua volta aumenta notevolmente la produttività.

Ricerca di personale all'esterno

Una strategia di ricerca dall'interno però non sempre è attuabile, specialmente se l'azienda non è stata in grado di preparare un adeguato piano di rimpiazzi.

Parliamo quindi di ricerca all'esterno e diamo qui di seguito i punti fondamentali a favore:

Se cerchi anche all'esterno hai a disposizione una fonte più ampia di talenti, e per posizioni critiche ciò può rappresentare una soluzione.

Abbiamo già parlato dei benefici della diversità, e il cercare all'esterno favorisce la diversità; Lavorare con la diversità vuol dire creare un ambiente di lavoro favorevole rispetto una vasta gamma di punti di vista.

Outsourcing: Il ruolo delle risorse umane

L'outsourcing è la pratica con la quale si affida un lavoro all'esterno dell'azienda. In molti casi, i dipendenti della ditta esterna lavorano fianco a fianco con i dipendenti regolari di una società.

In alcuni casi, una funzione può essere esternalizzata a chilometri di distanza dalla sede dell'azienda, o anche fuori dallo Stato. Quest'ultimo approccio, spesso indicato come offshoring, è stato oggetto di grande dibattito negli ultimi anni.

Naturalmente, l'outsourcing non è certo un concetto nuovo. C'è di nuovo l'emergere di un outsourcing come strategia anche per aziende che hanno sempre storicamente utilizzato proprio personale.

Le aziende di solito usano l' outsourcing per risparmiare tempo e denaro, sia per necessità che per scelta. La necessità è il fattore trainante quando per una società le richieste del business rischiano di superare la sua capacità di gestire una particolare funzione senza investire pesantemente in nuove attrezzature (o un nuovo impianto), o assumere un grande numero di nuovi dipendenti.

La scelta è il fattore determinante quando le aziende vogliono sfruttare al massimo tutte le energie interne su operazioni che contribuiscono direttamente al loro vantaggio competitivo, e in outsourcing quelle che possono essere considerate non strategiche.

Nel tuo ruolo di risorse umane devi cogliere le implicazioni di ciascun tipo di outsourcing in modo che possa dare un contributo a fornire consulenza strategica nel corso di qualsiasi processo di assunzione, e contribuire alle decisioni in merito all'opportunità di utilizzare questa alternativa.

Consigli pratici

> *Essere cordiali ma non troppo, stringere la mano saldamente ma moderatamente, sorridere ma in modo contenuto, non annuire troppo ma neanche troppo poco per non apparire distratti, non accavallare le gambe ma neppure aprirle eccessivamente, non parlare in modo frettoloso ma nemmeno troppo lentamente come non trovando le parole. Avvertenza finale: comportarsi «in modo naturale».*

Ecco numerosi consigli seri e semi seri da utilizzare per affrontare il colloquio di selezione. Primo fra tutti: nella selezione del personale lavorano professionisti di elevato spessore, ma anche persone che sembrano capitate lì per caso. Vi potrà capitare di avere la netta sensazione di saperne di più del selezionatore. Il consiglio è: portate pazienza e proseguite nel colloquio. Ciò succede perché spesso la selezione è affidata a giovani alle prime armi o addirittura a stagisti. Il selezionatore che vi trovate di fronte è un buon indizio della serietà dell'organizzazione per cui vi candidate.

La sicurezza

E' realmente un argomento al quale pensare quando si tratta della ricerca di un lavoro ? Probabilmente si. Generalmente le interviste avvengono, secondo la situazione, presso gli uffici dell'azienda o delle società di ricerca e selezione. Tuttavia a volte le interviste avvengono anche in posti meno tradizionali, perciò prendete le dovute precauzioni per distinguere i contesti seri da quelli equivoci.

Location

Qualora un datore di lavoro programmi un'intervista con voi assicuratevi che ciò avvenga in contesti appropriati. La hall di un albergo può andare bene (può essere usata per mantenere la riservatezza sull'incontro) ma una singola stanza d'hotel no. Anche i ristoranti possono essere accettabili, ma evitate il bar. Se un datore di lavoro vi chiede di intervistarvi in un parcheggio naturalmente diffidate.

Case private: Una casa privata è un luogo discutibile per un'intervista a meno che non ci lavorino altri dipendenti. A volte le piccole imprese lavorano in questo modo. In ogni caso il datore di lavoro può sempre organizzarsi per un'intervista in un luogo più adatto. Identità del datore di lavoro: Se non siete del tutto sicuri dell'identità di un datore di lavoro o dell'intervistatore chiedete un biglietto da visita. Esaminatelo attentamente. Una persona può vantare rapporti con aziende molto note ma in realtà non lavorare per queste organizzazioni. La persona in questione potrebbe avere relazioni d'affari con queste organizzazioni. In ogni caso se avete dubbi trovate il modo di approfondire.

Alcool

Se un datore di lavoro o un intervistatore vi incoraggia a bere chiedetevi perché. Vuole realmente mettervi a vostro agio ? Durante un'intervista di solito questo non si fa. E' perciò perfettamente appropriato rifiutare cortesemente.

Se scegliete di accettare un drink, accettatene uno solo. E' più comprensibile accettare un drink durante un pranzo di lavoro o un evento. Perché tutto questo è un problema ? Un datore di lavoro o un intervistatore ha un ruolo di maggior potere di quello che avete voi come candidato. Un intervistatore non dovrebbe mai approfittare di ciò, fare avances sessuali, stabilire un tipo di relazione o attività non professionale.

Vi è un rischio maggiore, e l'evidenza di scarsa professionalità da parte del datore di lavoro o intervistatore, quando vi incontra da soli e in posti non pubblici o comun-

que strettamente professionali, come stan-
ze di alberghi o bar.

Gestire le richieste che vi fanno sen-
tire a disagio

Un datore di lavoro o un intervistatore non
dovrebbe mai mettervi in simili situazioni,
e voi non dovreste esitare a dire: "Non mi
sento a mio agio in quella location". Se il
datore di lavoro o intervistatore insiste o si
mostra contrariato, pensate bene se realmente vale la pena di lavorare per questo
tipo di azienda.

E' perfetto dire: "Grazie ma non mi interessa questo tipo di proposta di intervista".
Che cosa fare se vi succede qualcosa di
sconveniente: Se vi trovate in una situazione difficile o confusa con un datore di
lavoro o intervistatore, o siete convinti che
il loro comportamento è sconveniente considerate anche di fare una denuncia agli
organi di controllo sul mercato del lavoro.

Dato che ogni intervistatore è diverso ci sono molti tipi di intervista. Alcuni intervistatori sono abili e altri no. Alcuni sono loquaci, altri lasciano parlare soprattutto voi. Vi sono interviste a domande aperte, in cui l'intervistatore pone domande libere e lascia a voi la risposta.

Vi sono interviste altamente strutturate, in cui l'intervistatore pone domande specifiche seguendo un format. Molti intervistatori si pongono fra questi due estremi. Voi dovreste essere pronti in entrambi i casi. Qui di seguito mostriamo quattro fasi che potrete trovare in una tipica intervista.

Fase introduttiva

L'intervistatore stabilirà un rapporto con voi e creerà un'atmosfera rilassante, anche se comunque in un contesto di business. Questo è un momento molto importante perché avrà una prima impressione di voi.

Riassunto del vostro background e interessi

Ciò di solito prende la forma di domande tipo "che cosa", "perché", "dove". Il focus è su come siete, che cosa vi piace, che cosa avete realizzato, il vostro background accademico e di lavoro, e gli obiettivi che avete raggiunto. Uno degli obiettivi dell'intervistatore è di verificare se le vostre qualifiche corrispondono ai vostri dichiarati interessi di lavoro. Date risposte concise ma esaurienti.

Le verifiche incominciano

Supponendo che avete le qualifiche necessarie, l'intervistatore incomincerà il processo di determinare se la posizione offerta incrocia i vostri interessi. Se sembra che vi è coerenza l'intervistatore probabilmente vi spiegherà i dettagli del lavoro per verificare quanto voi siete interessato alla posizione.

Durata dell'intervista

Le interviste variano da azienda a azienda. Alcune possono durare un'ora e altre possono comportare un itinerario di due giorni (inconsueto in Italia). Chiedete l'agenda in anticipo.

Format dell'intervista

Potreste trovarvi di fronte un intervistatore singolo, gruppi di intervistatori, gruppi di intervistati, vi potrebbe essere chiesto di sottoporvi a test (questo può avvenire solo con il vostro consenso, tuttavia ricordate che l'eventuale rifiuto entra nella valutazione, perciò ...).

Logistica

Mantenete dettagliate registrazioni delle location delle vostre interviste. Tenete traccia di nome e titolo delle persone che incontrate, copie dei CV inviati, date delle interviste e followup.

Preparatevi

Preparate copie aggiornate del vostro CV, tante quante sono le persone coinvolte nella vostra intervista e anche qualcuna in più. Non date per scontato che tutte le persone che incontrate abbiano già visionato il vostro CV, o se anche lo hanno fatto ne abbiano una copia o ricordini i contenuti.

Durante e dopo l'intervista

Fatevi dare i biglietti da visita da tutti coloro che avete incontrato nel processo di selezione. Se non riuscite a d avere i biglietti da visita siate sicuri di aver preso nota del nome e del titolo di ciascuno. Prendete nota delle informazioni rilevanti prima che escano dalla vostra mente.

Se possibile mandare mail di ringraziamento a tutti coloro che avete incontrato. Attenzione però a non creare situazioni artificiose, fatelo solo se la situazione lo rende accettabile in modo naturale.

Follow-up dell'intervista e lettere di ringraziamento

Il processo di selezione non è finito quando l'intervista è finita. Follow-up fino a quando vi rendete conto che tutto è finito. Entro circa due giorni (business days) scrivete una breve nota di ringraziamento all'intervistatore, a colui che ha guidato il processo di selezione, esprimendo apprezzamento, e ripetete chiaramente il vostro interesse per la posizione offerta.

Lettera cartacea o email ?

Le lettere di ringraziamento possono essere cartacee o email. Le lettere cartacee sono più formali e sono adatte dopo un'intervista. Ma attenzione ! in questo campo gli usi e costumi evolvono rapidamente, quindi fate le vostre considerazioni ! probabilmente un imprenditore senior della old economy gradirà una bella lettera formale ! email può essere invece il mezzo giusto se avete avuto contatti continui prima dell'intervista in questo modo.

Cosa fare se l'azienda non si fa più sentire

Il vostro intervistatore dovrebbe avervi informato sulle procedure e gli steps del processo di selezione e su come avreste ricevuto il followup, da chi, con che mezzo, e quando avreste risentito l'organizzazione. Se nulla vi è stato detto e voi non avete chiesto usate la lettera o email di ringraziamento per chiedere.

Tuttavia, prendete nota, a questo punto avete già commesso un errore, non è possibile che non vi siete fatti dire nulla ! Se passa più di una settimana dalla dead line che dovrebbe esservi stata comunicata nell'ultima intervista, chiamate o fate una mail all'azienda per chiedere educatamente informazioni.

Qualcosa deve avere interrotto il processo (è probabile che non si faccia più nulla !) una richiesta educata di informazioni mostra che voi siete ancora interessati alla posizione e in ogni caso indirizza l'azienda darvi una risposta.

Nella vostra richiesta di informazioni menzionate il nome dell'intervistatore, la data e la location, la posizione per cui vi siete candidati, e ogni altra informazione che vi sembra opportuna.

Conclusione dell'intervista

In questa fase l'intervistatore dovrebbe spiegarvi quali sono i prossimi passi nel processo di selezione. Assicuratevi di comprenderli bene. Fornite prontamente ogni informazione aggiuntiva che vi viene richiesta, dovrebbero esserci ampie possibilità per voi in questa fase di chiedere ciò che vi occorre sapere.

Intervista telefonica

Alcuni datori di lavoro usano l'intervista telefonica per la preselezione dei candidati prima di offrire l'intervista di persona. Alcuni datori di lavoro fanno interviste telefoniche preavvertendovi in anticipo, ma altri lo fanno informalmente senza avvertirvi.

Se venite sorpresi da una di queste telefonate e non siete liberi di parlare non esitate a spiegare educatamente ciò e offrire di essere richiamati in un momento più adatto. L'aspetto importante è che si è comunque valutati anche in base al comportamento al telefono, perciò ...

Comunicazione percepita al telefono

Ricordate che il tono di voce ha un grande peso in una conversazione telefonica. Non sono visibili le espressioni facciali, il linguaggio del corpo, e altri elementi non verbali.

Tuttavia, per quanto strano possa sembrare, il sorridere mentre parlate al telefono può rendere la vostra voce più piacevole.

Chiedete a degli amici (che vi diranno la verità) come vi sembra la vostra conversazione al telefono. Loro vi conoscono, ma un intervistatore no. Sembrate cordiali o scontrosi ? Sofisticati o maldestri ? Interessati o indifferenti ? Fate pratica di colloqui telefonici.

Abbigliamento

In un'intervista il vostro abbigliamento gioca un ruolo di supporto. Il vostro comportamento, le vostre capacità relazionali, la vostra abilità di articolare risposte chiare e intelligenti alle domande sono gli elementi più importanti.

Un abbigliamento appropriato supporta la vostra immagine di persona che affronta seriamente il processo di selezione e che comprende la natura dell'azienda per cui si sta candidando.

Dovete essere consapevoli che in alcune aziende il contatto con il cliente e l'immagine presentata in questi contatti sono critiche. In queste aziende il vostro modo di vestire sarà giudicato più criticamente.

Il vostro abbigliamento potrebbe essere, dal vostro punto di vista, appropriato e di buon gusto, ma non essere coerente con la cultura aziendale. Se vi vengono fatte domande sul vostro abbigliamento è perché probabilmente avete commesso un errore di giudizio. Vestire bene è una sorta di complimento alla persona che incontrate, perciò nel dubbio vestitevi ancora meglio di quanto vi sembra di avere bisogno.

Anche nel caso in cui siete a conoscenza che nell'organizzazione ci si veste casual vestitevi in modo formale per l'intervista a meno che non vi venga suggerito il contrario.

Non confondete mai un'intervista con un evento sociale, non vestitevi come per un party ! non tutti i colloqui richiedono un abbigliamento formale. In alcune situazioni il casual può essere indicato.

I cambi nella moda possono cambiare alcune cose, come la larghezza del bavero, il taglio dei pantaloni, o il colore delle camicie che trovate nei negozi. L'abbigliamento professionale di base non cambia secondo i capricci della moda. Un buon vestito può essere di moda per almeno 5 anni e continuare a farvi fare bella figura. In generale, se amate seguire la moda, fatelo con sobrietà.

Abbigliamento business casual per uomini e donne

Se avete la certezza che l'azienda è informale potete vestire casual, o meglio business casual. Business casual è fresco, pulito, e può essere adatto anche per un incontro con l'amministratore delegato.

Non dovrebbe sembrare un abbigliamento per una festa o un picnic. Evitate indumenti stretti o larghi all'eccesso. Business casual è classico piuttosto che alla moda. Investite in qualità e usate il buon senso.

Domande tipiche in un'intervista

Naturalmente non è detto che ogni intervistatore vi porrà queste precise domande. Tuttavia, se siete preparati a rispondere a queste domande, darete l'impressione di essere preparati per l'intervista, anche se altre domande vi coglieranno di sorpresa.

✓ Quali sono i tuoi obiettivi di lungo periodo ? Quali sono i tuoi obiettivi di breve periodo ?
✓ Come hai pianificato di raggiungere i tuoi obiettivi di carriera ? Quali sono le ricompense che ti aspetti nella tua car-

riera ? Perché hai scelto la carriera per cui ti stai preparando ?

✓ Quali sono i tuoi punti forti e punti deboli, e i tuoi interessi ?

✓ Come pensi che una persona che ti conosce molto bene ti descriverebbe ?

✓ Descrivi una situazione in cui hai dovuto lavorare con una persona difficile. Come hai gestito la situazione ? c'è qualche cosa che avresti fatto diversamente con il senno di poi ?

✓ Che cosa ti motiva a fare grandi sforzi ? descrivi una situazione in cui hai fatto ciò.

✓ Come valuti il successo ?

✓ In che modo pensi di poter dare un contributo alla nostra organizzazione ?

✓ Descrivi un contributo ad un progetto a cui hai lavorato.

✓ Quali qualità deve possedere un manager di successo ?

✓ C'è stata un'occasione in cui ti sei trovato in disaccordo con i tuoi capi ? descrivi come hai gestito la situazione.

- ✓ *Quali sono i due o tre risultati che ti hanno dato maggiore soddisfazione ? perché ?*
- ✓ *Quale interesse trovi nei nostri prodotti o servizi ?*
- ✓ *Come hai scelto l'università ? che cosa ti ha guidato ?*
- ✓ *In che genere di ambiente di lavoro ti trovi a tuo agio ?*
- ✓ *Come ti trovi a lavorare sotto pressione ?*
- ✓ *Descrivi una situazione in cui hai lavorato in gruppo. Che ruolo avevi ? che cosa ha funzionato e cosa no ?*
- ✓ *Descrivi il tuo lavoro ideale.*
- ✓ *Perché hai deciso di candidarti per la nostra organizzazione ?*
- ✓ *Quali sono le due o tre cose importanti nel lavoro ?*
- ✓ *Con che criteri valuti un'organizzazione per cui desidereresti lavorare ?*
- ✓ *Sei disposto a trasferirti ? un eventuale trasferimento ti mette in difficoltà ?*
- ✓ *Desideri viaggiare ?*

Che cosa cerca l'intervistatore

✓ *Intervistatore: mi parli di Lei.*

✓ *Tu: ricorda, questa è un'intervista di lavoro, non un'intervista psicologica o personale. L'intervistatore è interessato alle informazioni correlate alle tue qualifiche per la posizione, come gli studi e l'esperienza di lavoro.*

✓ *Intervistatore: che cosa si aspetta di fare tra cinque anni ? e tra dieci anni ?*

✓ *Tu: l'intervistatore sta cercando di capire i principali obiettivi di carriera e le ambizioni, piuttosto che una descrizione dettagliata. L'intervistatore vuole capire i tuoi processi di pensiero e i criteri che sono importanti per te.*

✓ *Intervistatore: perché dovrei assumerla ?*

✓ *Tu: metti l'accento su quello che puoi offrire all'azienda, non su come sarebbe bello lavorare per loro.*

✓ *Intervistatore: quali sono le sue idee sullo stipendio ?*

- ✓ *Tu: fai il possibile per fare delle ricerche sugli stipendi del settore, prima dell'intervista, in modo da non fare richieste disallineate, e tieni in considerazione il tuo stipendio attuale.*
- ✓ *Intervistatore: perché vuole lavorare per la nostra organizzazione ?*
- ✓ *Tu: non avere una risposta è un buon modo per essere cancellati dalla lista dei candidati. Fai una ricerca sull'azienda prima dell'intervista, cerca di scoprire i prodotti, i clienti, la filosofia, la cultura, gli obiettivi, in modo da capire dove si concentra il tuo interesse.*

Intervista comportamentale

La maggior parte delle interviste includono domande comportamentali. Siate preparati.

Cos'è l'intervista comportamentale

E' una tecnica con cui le domande aiutano l'intervistatore a fare previsioni sul potenziale successo di un candidato basandosi sul comportamento agito in passato, invece che su risposte a domande ipotetiche.

Nell'intervista comportamentale vi viene chiesto di fornire specifici esempi riferiti a situazioni in cui avete dimostrato particolari comportamenti o capacità. L'intervistatore non cerca risposte generiche.

Dovete descrivere in dettaglio un particolare evento, progetto, esperienza, come avete affrontato la situazione, e quale è stato il risultato.

Esempi di domande di intervista comportamentale

✓ Descriva un caso in cui ha dovuto affrontare problemi o periodi di stress che hanno messo alla prova la sua capacità di coping. Come si è comportato ?

✓ Faccia un esempio di una situazione in cui ha dovuto prendere velocemente un'importante decisione.

✓ Mi faccia un esempio di una situazione in cui ha dovuto stabilite un importante obiettivo e mi spieghi cosa ha fatto per raggiungere questo obiettivo.

✓ Mi descriva il progetto di lavoro più creativo di cui si è occupato.

✓ Mi faccia un esempio di un problema che ha dovuto affrontare e mi spieghi come lo ha risolto.

✓ Mi racconti di una situazione, possibilmente abbastanza recente, in cui ha dovuto affrontare un collaboratore o un cliente piuttosto arrabbiato.

✓ Mi faccia un esempio di una situazione in cui ha dovuto far uso della sua leadership.

La tecnica STAR è un buon approccio.

✓ *Situation: descrivi la situazione in cui ti sei trovato.*

✓ *Task: descrivi il compito che ti sei trovato a dover svolgere.*

✓ *Action: descrivi le azioni che hai compiuto.*

✓ *Results: descrivi i risultati che hai ottenuto.*

Devi essere dettagliato e specifico, non generico o vago. Non devi descrivere come avresti agito. Devi descrivere come hai concretamente agito. Se con il senno di poi avresti agito diversamente spiega perché. L'intervistatore vuole capire se hai la capacità di apprendere dall'esperienza.

Cose da fare e da non fare

Da fare sempre

Vestiti in modo appropriato per l'azienda. Attenzione ad essere troppo conservatori per mostrare che prendete seriamente l'intervista, correte il rischio di sembrare artificiosi.

La tua cura personale deve essere impeccabile. Dovete sapere esattamente ora e location della vostra intervista. Dovete sapere quanto tempo impiegherete per arrivarci, parcheggiare, etc.

E' vietato arrivare in ritardo. Trattate le persone che incontrate con cortesia e rispetto. La loro opinione potrebbe essere sentita nel decidere l'assunzione. Offrite una ferma stretta di mano, mantenete il contatto degli occhi, cercate di avere un'espressione amichevole quando l'intervistatore vi saluta.

Ascoltate attentamente il nome dell'intervistatore per essere sicuri di ricordarlo. Anche se il vostro intervistatore vi dice il nome e cognome rivolgetevi a lui con il titolo, fino a che siete invitati a fare diversamente. Mantenete un buon contatto oculare durante l'intervista. Sedete pazientemente al vostro posto.

Evitate di agitarvi e dinoccolarvi, o rilassarvi eccessivamente. Rispondete alle domande e dimostrate le vostre affermazioni ogni volta che è possibile. Chiedete chiarimenti se non comprendete a fondo una domanda. Siate precisi nelle vostre risposte e concisi nel parlare. Siate voi stessi e soprattutto siate onesti.

La falsità viene facilmente smascherata ed provoca facilmente il rigetto della candidatura. Ricercate un buon feeling tra voi e l'intervistatore. Se sarete assunti pur non essendo stati voi stessi il rapporto è destinato a fallire. Gestite l'intervista molto seriamente, e dimostrate che la posizione offerta vi interessa molto.

Esibite un atteggiamento positivo. L'intervistatore vi sta valutando come un potenziale collaboratore. Comportatevi come se doveste lavorare insieme. Preparate domande intelligenti da fare all'intervistatore.

Se avete fatto ricerche sul datore di lavoro chiedete le cose che non siete riusciti a chiarire. Valutate l'intervistatore e l'organizzazione che rappresenta. L'intervista è una strada a due sensi. Comportatevi con cordialità e rispetto se pensate che siete stati trattati in modo inadeguato, o se non condividete i valori e le priorità dell'organizzazione.

Aspettatevi di essere trattati in modo appropriato. Se credete che venite trattati in modo inappropriato, o vi vengono fatte domande che giudicate inopportune, o che vi mettono a disagio fatelo presente con rispetto ma fermamente. Questo è il caso in cui non ci sono le premesse per proseguire.

Siate certi di aver capito gli steps del processo di selezione. Dovete cercare di sapere quando e da chi sarete sentiti la prossima volta, e che cosa ci si aspetta da voi.

Quando l'intervistatore conclude l'intervista offrite una ferma stretta di mano e un trasparente contatto degli occhi. Salutate ringraziando.

Dopo l'intervista prendete appunti in modo da non dimenticare passaggi importanti. Se le circostanze sono favorevoli scrivete una lettera o mail di ringraziamento all'intervistatore. Però non create situazioni artificiose.

Da non fare mai

Non cercate scuse. Prendetevi la responsabilità delle vostre decisioni e delle vostre azioni. Non fate commenti negativi su precedenti datori di lavoro.

Non mettete dati falsi sul CV. Non dite il falso rispondendo a domande. Non trattate l'intervistatore con leggerezza, come se foste lì per caso. Questo è un insulto all'intervistatore e all'organizzazione.

Non date l'impressione di essere interessati a un'organizzazione solo per la collocazione geografica.

Non date l'impressione di essere interessati solo allo stipendio. Non chiedete nulla dello stipendio o benefit prima che il discorso sia introdotto dall'intervistatore.

Cercare le aziende, come e perché

Per riuscire a vendervi come candidato dovete convincere il datore di lavoro che siete la persona giusta per i suoi bisogni. Perfino quando il mercato del lavoro è favorevole i datori di lavoro non assumono un candidato che non incontra perfettamente i suoi bisogni.

Non sarete in grado di presentarvi, nelle lettere di accompagnamento CV o nelle interviste, come un candidato che incontra i

bisogni del datore di lavoro se non lo conoscete abbastanza bene, o il meglio possibile.

Se state cercando una posizione di lavoro
raccogliete informazioni per decidere quali
datori di lavoro contattare. Piuttosto che
spedire centinaia di CV a datori di lavoro di
cui conoscete poco o nulla mandate pochi
CV a datori di lavoro di cui conoscete qualcosa.
Lettere mirate, individualizzate sul destina-
tario, sono più efficaci di lettere standard.
Nell'intervista i datori di lavoro si aspettano che conosciate il background
dell'organizzazione.

Se non sapete nulla sembra che non avete
un grande interesse per l'organizzazione.
Dovete essere in grado di rispondere alla
domanda critica sul perché desiderate lavorare per quell'organizzazione. Altrimenti
sembra che avete soltanto il bisogno di un
lavoro.

Fare delle ricerche vi aiuterà a formulare domande intelligenti e a dare risposte altrettanto intelligenti.

Come cercare un datore di lavoro specifico

Parlate con la gente: Trovate persone che lavorano per l'organizzazione o che comunque la conoscono. Questi possono essere ex colleghi, parenti, vicini di casa, amici e parenti di amici, ex compagni di università.

Siti web delle aziende: Questo è un gioco da ragazzi ! ricercate le cose importanti, informazioni sulla mission, cultura e valori. Se l'azienda richiede la compilazione di un form on line fatelo.

Ricerche internet: Attenzione alle fonti di informazioni, verificatene la credibilità. Chiamate l'organizzazione o scrivete solo dopo aver cercato altrove Ciò è perfettamente appropriato e potete farlo se non è possibile trovare le informazioni sul sito web, o le informazioni non sono chiare.

Se avete già un appuntamento per un'intervista dovreste aver già reperito le informazioni che vi servono. Se non è così trovate il modo di farlo, con ogni mezzo. State attenti, se mandate una mail con una domanda la cui risposta si può trovare facilmente on line verrete percepiti come una persona pigra o scarsamente intelligente.

Come potenziale dipendente dovete essere percepito come una persona che lavora, non che crea lavoro agli altri, come avviene se fate domande stupide.

Domande da fare alle aziende

Un'intervista è una strada a due corsie. Fate domande. L'intervistatore dovrebbe lasciarvi spazio per le domande verso la fine dell'intervista.

Suggerimenti: Preparate sempre le domande da fare. Se non avete domande da fare passate il messaggio che non avete un adeguato processo del pensiero.

Alcune delle vostre domande potrebbero trovare risposta nel corso dell'intervista, prima ancora che vi sia offerta l'opportunità di chiedere.

Se fosse così potete semplicemente dire che siete particolarmente interessati a … , ma che la vostra domanda ha già trovato risposta nel corso dell'intervista.

Se è il caso potete chiedere ulteriori chiarimenti. Non fate domande che già trovano risposta sul sito web dell'azienda o in qualunque documento (leaflet, brochure) che vi è stato fornito in precedenza.

Ciò non farebbe altro che dimostrare che non siete preparato per l'intervista, e che state facendo perdere del tempo all'intervistatore. Non chiedete mai dello stipendio e benefit se non siete indirizzati a farlo dall'intervistatore.

Esempi di domande

Se siete in difficoltà a sviluppare delle domande considerate i seguenti esempi. Tuttavia non fate domande se non siete realmente interessati alla risposta. Usate la regola d'oro di evitare le forzature.

Quali sono i punti di forza e di debolezza dell'impresa rispetto alla concorrenza ? Quali sono i piani dell'organizzazione per i prossimi cinque anni, e come vi contribuisce questa posizione che state cercando ? Mi può spiegare la struttura organizzativa ?

Come saranno misurate le mie performances e da chi ? Mi può descrivere lo stile di leadership e di management richiesto

dall'azienda ? Quali sono le capacità e abilità più importanti per coprire la posizione
che state cercando ? Quali sono le politiche
aziendali in materia di formazione, finaliz-
zata a completare o acquisire le competenze necessarie ? Mi può descrivere le strutture hardware e software dell'azienda ?

Che tipo di lavoro mi devo aspettare di
svolgere il primo anno ? Come vengono
gestiti i piani di carriera ? Quante opportunità di prendere decisioni avrò nel mio
primo incarico ?

Come rispondere a domande sulla re-
tribuzione

Non dovete essere colti di sorpresa ! Può
capitare che un intervistatore vi faccia domande sulle vostre aspettative di stipendio. Questo è normale per persone di e-
sperienza e con una storia professionale
alle spalle.

E' perfettamente accettabile dire che lo stipendio è negoziabile, in ogni caso potete suggerire un range. Fate le vostre indagini retributive prima del colloquio e dite al selezionatore la fonte di informazioni che avete usato. Questo supporterà le vostre richieste con dati oggettivi, e non solamente con sentito dire. Se fate richieste molto superiori alla media spiegatele.

Riferimenti bibliografici

[1] *"People in organizations" – Terence R. Mitchell e James R Larson – McGraw-Hill International editions*

[2] *Campenni, Lavoro e stratificazione sociale*

[3] *La memoria contesa, a cura di Anna Lisa Tota, Franco Angeli*

[4] *Teresa Grande, Il mutamento sociale - Halbwachs*

Sommario